CPSIA information can be obtained
at www.ICGtesting.com
Printed in the USA
BVHW041315180122
626533BV00012B/520

9 781691 741397